Luciano Pallottini

PROPOSTE

(PROPOSALS)

ISBN 978-1-4467-4870-1

Dedico questa mia opera a mia moglie Anna Maria, deceduta da poco.
A lei devo molto, compresi l'incoraggiamento, l'appoggio morale e la pazienza con la quale siamo riusciti a trascorrere trenta anni di vita in comune.

"Alla mia cara Anna per sempre nel mio cuore".

Per sempre il tuo Luciano

Prefazione dell'Autore

Dopo "Una Strada di Luna", "Gabbiani in Volo" e "Tra le Pieghe della Vita" ho deciso di tornare ai miei lettori.
Colgo l'occasione per riproporre alcune liriche, a mio avviso tra le più significative, tratte da queste tre raccolte.
Ne propongo poi alcune relative alle leggende legate alla terra dei nostri avi, altre intese come presentazione di alcuni temi, che ritengo importanti ed attuali ed infine delle proposte vere e proprie.
Giunto alle soglie della vecchiaia, ho voluto trarre le somme della mia attività poetica.
Non potevo in ogni caso non fondare le mie proposte sulle esperienze poetiche già vissute, né potevo trascurare le leggende della mia terra, con la quale, sebbene mi senta cittadino del mondo, non mi sento proprio di sciogliere i legami.
E' questo il messaggio per i miei lettori.
Se, quando non sarò più tra di loro, questo messaggio risulterà ancora attuale, allora credo proprio di non essere vissuto invano.

Luciano Pallottini

"La mente dell'uomo è capace di tutto – perché c'è in essa ogni cosa: tutto il passato e tutto il futuro"
Joseph Conrad.

"La perfezione si attinge non quando non c'è più niente da aggiungere, ma quando non c'è più niente da togliere"
Antoine de St. Exupéry.

La mia poesia, l'archeologia, i cambiamenti climatici.

So bene che non è compito del poeta fare della critica letteraria o giù di lì.
Mi permetto però di fare osservare come le mie brevi composizioni risentano di una certa situazione ambientale: quella in cui sono nato e vissuto.
Risentono poi certamente della mia passione per l'archeologia, intesa in senso locale, della storia della nostra terra e, in senso più generale, della storia del nostro pianeta (vedi i cambiamenti climatici).
In questo connubio: senso dell'umanità-conoscenza del nostro pianeta, va inteso lo scopo di questi miei versi.
Questi potranno essere interpretati come composizioni poetiche del secolo scorso, anche se io penso del secolo a venire, ma in definitiva hanno pure un senso nel secolo che stiamo vivendo.
Ciò è quanto mi basta.

Luciano Pallottini

Presentazione

Presentare un Autore, che fra l'altro è un carissimo Amico, è difficile e facile allo stesso tempo!
Quando poi si tratta di 45 liriche, frutto di vari decenni di *labor limae*, tutto ciò è reso ancora più arduo data la natura, quasi ineffabile, della Poesia.

Nella sua breve Prefazione Luciano Pallottini ricorda che la presente Raccolta "Proposte", è in un qualche modo la sua *summa* Poetica, poiché racchiude insieme sia alcuni lavori degli anni precedenti (19 per la precisione) sia altri che reputa altrettanto significativi e significanti per lui stesso (esattamente altri 26 lavori): il passaggio che più mi ha colpito è "…[la] mia terra con la quale, sebbene mi senta cittadino del mondo, non mi sento proprio di sciogliere i legami".

Ecco quindi solo un paio di mie concise considerazioni prima che il Lettore passi a procedere con il resto di codesto libro.
La profonda commistione personale di Umanesimo letterario e Cultura scientifica rendono i componimenti di Luciano carichi di suggestioni ambivalenti, nel senso che coprono tutto lo scibile senza trascurarne alcuno aspetto.
Questo non impedisce di ravvisare alcuni temi ricorrenti (solo per citarne alcuni: la Storia, la malinconia del tempo passato, gli amori di ieri e l'amore di oggi, le delusioni e le amarezze della vita, le ingiustizie ed i mali

del mondo, la natura ed il suo ciclo, la Vita e la Morte, la terra dei padri, ...) che sono, sì ribaditi nel tempo, ma anche rielaborati e ripensati (e quindi riproposti sempre rinnovati) e che ci fanno esclamare "si riconosce lo stile di Pallottini!"

Torna l'uccello al suo nido,
la rondine al suo tetto,
l'uomo al suo dialetto.
...
La lingua dei padri
Non può non tornare.

"Il Dialetto"

Ma poi dicevamo, adesso la Vita continua ancora e quindi subentrano sempre nuovi slanci e di conseguenza nuove Idee e la Speranza rinviene

Io ti propongo:
Proseguiamo il cammino.
Io ti appoggerò
E raccoglierò tutto ciò
Che le tue mani
Lasceranno cadere.
...

"Proposta"

È questo il Luciano a cui teniamo di più ed al quale auguriamo ogni bene!

Alvise Manni

Civitanova Marche Alta (MC), 11 Giugno 2009.

SCIENZA E POESIA
di Marco Rotunno

"*Se per Itaca volgi il tuo viaggio, fa voti che ti sia lunga la via, e colma di vicende e conoscenze...*" recita una famosa poesia del poeta greco Costantino Kavafis, *Itaca.* Il lungo viaggio di ritorno verso casa, intendendo con essa le nostre origini, vale a dire la nostra personale Itaca, è metafora per la vita.

Certo, Luciano Pallottini ha sperimentato l'esperienza auspicata da Kavafis, e chi lo conosce sa che come Odisseo *non teme né Lestrigoni o Ciclopi, né Poseidone incollerito, perché il suo pensiero è alto e squisita è l'emozione che gli tocca il cuore e il corpo.* Bene, non è una fortuna poter descrivere un poeta con la poesia di un altro poeta? Ciò indica come la poesia sia capace di rinnovare se stessa attraverso la vita avventurosa dei poeti, oltre che i loro versi. «*La poesia*», come dice Samuel Taylor Coleridge, è fatta di *«The best words in the best order»* e come tutta la letteratura, è il tentativo dello scrittore di comunicare ad altri l'effetto emotivo ed intellettuale delle proprie esperienze e del mondo che lo circonda. Il vero poeta mette insieme le parole per far sentire al lettore ciò che lui medesimo ha provato, e sperimentare ciò che lui ha sperimentato.

Difatti, per capire a fondo la poesia di Pallottini, sono disponibili almeno due livelli di approccio (nostro), che lui stesso sembra aver scientificamente studiato per accoglierci nei suoi mondi.

Il primo livello, dal forte potere evocativo, trasferisce nel cuore del lettore emozioni vissute dal poeta, e le riproduce con l'intensità della prima volta; nello stesso tempo risveglia quelle più intime del lettore stesso, scovandole nei più reconditi e segreti recessi della memoria e le compone insieme. Questa alchimia produce gocce di essenza di vita, la cui fragranza, mente e cuore di concerto si prodigano ad annusare, per catturarne il profumo e carpirne i segreti, e i segreti delle emozioni sono i segreti della vita.

Il secondo livello è quello della coscienza, residuo permanente di emozioni evaporate, se vogliamo restare nella metafora delle fragranze. Le è gemella, ancorché eterozigote, l'esperienza di vita, distillata questa volta da una sapiente chimica. Le gocce d'esperienza hanno a loro volta una irresistibile fragranza, che la mente ed il cuore del lettore riconoscono immediatamente come verità acquisite e non indugiano a gustarle con insaziabile ingordigia. Pallottini riesce a descrivere il tutto (la vita, l'Universo intero) descrivendo la parte, ben cosciente che la parte contiene il tutto. *Tutto è uno*, scrive Michael Talbot, divulgando le ipotesi della scienza olografica degli scienziati David Böhm e Karl Pribram. Questa è una straordinaria, antichissima quanto moderna scoperta, che appartiene solo a poeti e scienziati, e Luciano Pallottini è contemporaneamente tutti e due. I rari e straordinari individui come lui rappresentano una frontiera che non è mai netta, è indistinta, è *fuzzy*, come si usa dire oggi.

Tanta scienza e tanta poesia, ambedue profonde ed in continua evoluzione (sì, anche la poesia già scritta continua ad evolversi) si occupano della nostra vita. Una differenza risalta, però: la poesia e specialmente quella di

Pallottini è legata a tutti i momenti della vita, non solamente ai momenti di meditazione, di tranquillità e silenzio, quelli in cui il senso comune relega la lettura della poesia. I suoi versi ci accompagnano, ci assistono nella felicità, nell'estasi delle emozioni gioiose della vita come pure nel dolore, che lui ha sperimentato senza sconti o appelli e dei quali si è fatto esploratore involontario, ma non meno accorto e coraggioso.

Pallottini ha portato in poesia anche il tema dell'ambiente, che è un mezzo per conservare e proteggere la vita e la felicità più genuine, al giorno d'oggi troppo spesso camuffate per usare loro violenza impunemente e persino con vanto.

Leggendo le poesie di questo libro, i ritmi variabili composti dall'autore accompagnano le nostre emozioni, si fanno dolci oppure martellanti seguendo i messaggi preziosissimi che arrivano, ci stupiscono piacevolmente coi loro colpi di scena, ci fanno sussurrare «È vero!...», e si insediano in noi per sempre.

Se l'autore è uomo di scienza, è altrettanto vero che la magia non è discriminata dai suoi versi e dai suoi mondi: essa si manifesta e compie prodigi davanti ai nostri occhi proprio nella lettura reiterata. Come sintetizzarne l'effetto? La poesia può aiutarci, se ne accogliamo l'invito, a riprenderci la nostra vita attraverso il pensiero, il ritmo e la ripetizione. Basta prendere, ad esempio, due versi della poesia *Angeli*: «*Domani al risveglio si ripeterà l'incantesimo*».

Marco Rotunno

ALLA SIBILLA PICENA

Regina Sibilla,
negli anfratti del monte
nascondi le tue grazie
e le tue predizioni.

  Fata Morgana
  che attirasti nella grotta
  avventurieri e peccatori.

Ti incontrai negli sguardi
di donne belle,
serene e taciturne.

  Nei loro occhi
  scorsi l'infinito
  e tremò il mio sguardo
  tra tanta gente.

Sei tu la nostra dea
e proteggi la nostra terra.
Tornano i sismi tra noi,
ma i monti Sibillini
restano il tuo regno.

La Sibilla Picena - Acquerello di Emilia D'Abramo

ANGELI

Domani al risveglio
Si ripeterà l'incantesimo.
Sentirò ancora
Quel profumo di rose
Ed una donna di bianco
Attraverserà la mia strada
Per svanire nel nulla.

Domani al risveglio,
Confuso tra i rami,
Mi sembrerà di scorgere
Il mio angelo azzurro.
Mi sembrerà di ascoltare
Come un filo di voce
Nel cinguettio degli uccelli.

Figure e voci indistinte
In un'alba di primavera.
Ombre del passato,
Care persone perdute.
Guarderò tra le fronde
E rivedrò d'incanto
Anche il mio povero volto

AVREI VOLUTO

Avrei voluto vederti felice
tra le tue giovani amiche.
Avrei voluto cancellare dal tuo viso
quel sottile velo di malinconia.

Ma non si può contrastare il vento
con pochi colpi di cappello,
né si possono scacciare i passeri
dalla frescura dei loro alberi.

Ognuno di noi è quel che è
e non ci resta che il rimpianto.

Il rimpianto di un passato
così lontano che non può tornare,
così bello che non lo sapevamo
e così struggente nel ricordarlo.

Avrei voluto vederti felice.

CANI E PADRONI

E' un cane da guardia
Fedele al padrone,
Ma a volte è arrabbiato.

  Pochi sanno chi è il cane,
  Solo il cane lo sa.

Alcuni uomini sono cani,
E lo sanno molto bene,
Ma giocano il ruolo
Che a loro compete.

  Se così non fosse,
  Andrebbe molto peggio.

Il cane ha sempre un padrone,
Che non può dimenticare,
Ma non sempre i padroni
Sono amati dai cani.

Acquerello di Mariano Garulli

C'ERANO LE STREGHE

Presso il trivio
verso la mezzanotte
c'è il bifolco
che attende.

Ad un tratto
un forte tonfo:
da un'antica quercia
cade un sacco
pieno di streghe.

La notte è fonda
ed il bifolco è solo,
il miagolio estenuante
si estende tutt'intorno.

Il lamento è terribile,
ma il bifolco è al sicuro
appoggiato com'è
alla sua solida forca.

Dalla forca
ha visto le streghe,
dalla salvezza
ha visto il male.

IL LUPO MANNARO

L'hanno sentito lontano,
come un latrato di cani,
ma con qualche nota in più.

Sembrava si dimenasse
nel fango di un pantano,
sembrava quasi che soffrisse.

Prima di rientrare
ha posto la sua mano pelosa
sotto la porta della sua sposa.

Non era poi così ruvida e pelosa
e la sua bella sposa
gli ha spalancato la porta.

Il loro atto di amore
si è consumato con gioia.
Il lupo mannaro non era altro
che un vero grande uomo

.

TESORI NASCOSTI

Verso la mezzanotte
Nel buio più fitto
I tre bifolchi
vanno a scavare
il tesoro nascosto.

Ormai stanchi e sudati
avvertono la presenza
del Maligno
in tuba e marsina.

Comanda loro:
andatevene.

Passa del tempo
ed arriva il padre:
siete ancora qui?
ed infine il nonno:
ve la farò pagare.

All'alba i tre bifolchi:
l'uno sopra un tetto,
l'altro sopra una quercia
ed il terzo a tre miglia.

Veniva punito così
l'ardire dei poveri bifolchi.

CERCHEREMO

Cercheremo il segno
lasciato dagli avi,
che diressero i loro passi
nelle nostre contrade.

Cercheremo il loro abbraccio,
ma troveremo solo aria.

Gli occhi punteranno lontano,
ma l'orizzonte ci sfuggirà
ogni giorno di più.

Se gli occhi non vedono
e la mente è assente,
allora dov'è il cuore?

Forse è là dove qualcuno
sta amando e soffrendo,
forse è là dove la guerra
sta distruggendo la vita.

Ma se non è da quelle parti,
allora chi siamo noi?

Cercheremo - Acquerello di Emilia D'Abramo

CHI E' L'UOMO

E' anche un residuo
di polvere cosmica
caduta dalle stelle.

E'anche una radice
che affonda nell'intimo
dell'umida terra.

E' anche una belva
che si aggira feroce
nel groviglio della foresta.

Ma è anche qualcos'altro:
è quella immagine che scorgi
quando ti specchi
nelle acque pure di un lago.

CHI MUOVE I FILI

Chi guida
Gli uccelli migratori,
Chi i delfini
In mare aperto
E chi le balene
A morir sulla riva?

E' colui che disegna
I cerchi sul grano:
Ci vorrebbe indicare la via
Che ancora ci sfugge.

E' lontano nell'universo,
Al di là di un buco nero
E muove i fili
Di noi poveri mortali.

CI VORREBBE

Siamo alberi
dalle dure cortecce
nella fitta foresta
della nostra vita.

Un po' di tenerezza
nella rugiada del mattino,
poi una grande tristezza
nel buio della notte.

E' solo la voce del vento
a portarci notizie
di un mondo lontano
a noi poco noto.

E' solo l'ululato del lupo,
lontano sui monti,
a tenerci uniti
per la grande paura.

Ci vorrebbe la voce dell'anima.
Ci vorrebbe l'urlo dell'uomo
Per diradare il buio della foresta.

Ci vorrebbe la luce.
Ci vorrebbe l'amore.

DONNA MIA

E’ la tua dolcezza
una goccia sfuggita
al mare profondo.

E’ la tua bellezza
un frammento di stelle
nella notte d’agosto.

Eppur son molte le stelle
e siamo un grande universo.

I tuoi occhi immensi,
così persi tra le stelle,
così profondi come il mare.

Le tue inspiegabili paure,
le tue dolci malinconie,
i tuoi pianti disperati.

Sono gocce isolate,
sono pezzi di stelle
in un mondo di ghiaccio.

Sono la tua dolcezza,
sono la tua bellezza,
grande e bella donna mia.

Donna Mia - Acquerello di Emilia D'Abramo

ESSERE

Essere uomo
non sapere.
Essere foglia
e poi cadere.

Essere su di un'isola
e non vedere
altro che mare.

Essere uccello
per guardare tutto dall'alto
senza mai capire.

Essere pesce
e non percepire alcun segno
fuori dall'acqua.

Essere anima
e non sentire altre anime.
Essere sempre più soli.
Essere, essere per poi morire.

GABBIANI

Gabbiani in volo
sono i nostri pensieri.
Amano sorvolare
nelle fresche mattine
il mare dei sensi.

Amano posarsi
sulle placide onde,
ma anche sugli scogli
delle nostre tristezze.

Gabbiani in volo
siamo noi uomini
ed il mare sconfinato
è sul nostro orizzonte

Voliamo, voliamo
ma il mare ci resta davanti.
Un gabbiano in volo
è la nostra vita.

HANNO VINTO

Hanno vinto le elezioni,
hanno vinto le gare,
hanno vinto i premi,
hanno vinto.

Al di là
non si poteva andare,
al di là c'era il mare.

Gli altri
non hanno vinto,
e sono restati anch'essi
al di qua del mare.

Ma allora
cosa hanno vinto?
la vita è la vita,
non la si vince,
né la si perde.

E' tutto qui il senso
di chi vince
e di chi perde.

I RISUSCITATI

Fummo soffocati dal caldo,
e poi assiderati dal freddo,
fummo seppelliti dalle frane,
ma anche dalle alluvioni,
travolti dalle trombe d'aria.

Torniamo dopo un millennio
su questo pianeta ora ospitale,
ma non siamo ancora certi
che si tratti della nostra Terra.

Forse siamo approdati dove
volevamo vivere un giorno,
ma non ci fu permesso.

Poco importa se non è proprio
la nostra vecchia e povera Terra.

Siamo piombati solo per caso
su di un pianeta avanzato,
vestiti però degli stessi abiti,
che ci appartennero un tempo.

IGNORATO

Sei uomo onesto,
Ma nessuno lo dice.

Hai costruito qualcosa,
Ma nessuno lo sa.

Fai opere buone.
Ma sono ignorate.

Solo gli altri
Saranno lodati.

Volano insetti
Nell'aria di agosto
E tutti li avvertono.

Nessuno osserva
La timida lumaca
Appena uscita
Dal misero guscio.

IL DIALETTO

Torna l'uccello al suo nido,
la rondine al suo tetto,
l'uomo al suo dialetto.

Il cacciatore
sta voltando l'angolo,
si intravede il fucile.

Al prossimo angolo
riapparirà il cacciatore,
così alla prossima svolta
riapparirà il dialetto.

La lingua dei padri
non può non tornare.
I nodi vengono al pettine
e le lingue non muoiono mai.

IL RICERCATORE

Fui menestrello d'amore,
ma non trovai che indifferenza.

Fui messaggero di pace,
ma non trovai che guerra.

Mi incamminai per sentieri scoscesi
e visitai grotte incontaminate
alla ricerca della fonte
della nostra umanità.

Ma per quanto cercassi
E per quanto perseverassi.
Non riuscii a stringere nel pugno
L'essenza della nostra anima.

IL SALUTO

E' un cenno col capo,
è un breve sorriso,
è qualche parola,
ma è anche qualcos'altro.

E' rispetto per gli altri,
è riconoscersi in uno:
il nostro genere umano.

E' il sorgere del sole
che sorge per tutti.
E' la via che ci riporta
alle nostre origini.

Da poveri mortali
Coltiviamo il nostro orto,
ma anche gli altri lo fanno.

Sono tanti gli ortolani,
ma l'orto è uno solo.

IL SIPARIO

Sulla scena ormai finita
Sta cadendo il sipario.
Si intravede ancora la sagoma
Di un attore secondario,
Ma nessuno più la considera.

Si alzerà ancora il sipario,
Si apriranno altre scene
E saliranno altri attori.
Le pareti saranno a tinte forti,
Le trame complesse e violente.

Il futuro travolgerà il passato,
Le scene di un tempo cancellate,
I vecchi attori dimenticati.

Le note musicali non saranno
Altro che vecchie nenie,
Che nessuno canta più.

IL VELENO MODERNO

Sulle larghe foglie
Dei nostri verdi campi
È giunto da tempo
Il veleno delle centrali.

E' un seme nascosto
Che germoglia dopo anni.
Ci porta alla fine,
Ma pochi lo sanno.

Un angelo dall'alto
Annusa il nostro orto,
Che odora di morte.

Ma l'uomo orgoglioso
Annusa solo il denaro.
Che non odora di nulla.

LA PACE

Incontrammo il potere,la ricchezza
E persino la cultura,
Ma non erano la pace.

Edificarono l'Ara della Pace,
Ma nessuno se ne ricordò
E furono secoli di guerre.

Ora parlano di pace
Ma fanno la guerra.

Sulle pietre dell'archeologia
Non leggeranno inni alla convivenza
E le nostre necropoli saranno mute
Come i nostri cuori

Concertino – Bronzo di Marcello Savini

LA POESIA

La poesia sei tu
Dolce compagna
Della mia vita?

La poesia sei tu
Che ostenti
La tua parentela?

La poesia sei tu
Che condividi
Il mio lavoro?

La poesia è su nel cielo,
E va svolazzando
Come una farfalla.
Pochi riescono
Ad afferrarla.

Ballerina – Bronzo di Marcello Savini

LA PRIMAVERA DELLA VITA

Il fiume scorreva fragoroso,
gli uccelli disegnavano voli,
le fanciulle intrecciavano danze
e le notti si alternavano ai giorni.

La gente continuava a correre
ed io a non capire.
Vedevo lontana la vita
e non avvertivo dolore.

Poi l'aria mi sembrò più leggera,
la pioggia mi cadde addosso
e mi coprì con un fresco vestito.
L'odore della terra inzuppata
fu balsamo per le mie narici.

Il cinguettio degli uccelli
Appollaiati sugli alberi
Attirò il mio sguardo al cielo,
alle nubi, ai lampi, a Dio:
era la primavera della vita.

LA SCENA

Lontano soffiano
venti di guerra,
ma c'è la luna piena
ed è una serata di pace.

Uccelli tutt'intorno,
assordante lo stridìo.

Non odo però
la voce a me cara.

Più non odo chi
un tempo mi chiamava
e non ho da rispondere.

Si è fatto già tardi
e sono apparse
anche le stelle.

La scena è quasi completa,
mancano all'appello
soltanto le anime.

Paolo e Francesca – Bronzo di Marcello Savini

LA VITA

Grovigli di fili,
Percorsi a spirale
Avvolti sul nulla.
E poi la fine
Dei nostri viaggi.

Una lunga vita
Per la grandi querce,
Lo spazio di un mattino
Per i comuni mortali.

Pochi luoghi affollati
E poi grandi distese
Aride e vuote.

Si consuma qui
Il non senso
Della nostra vita.

LE NOSTRE LEGGENDE
(Leggende Picene)

Parlano di fate
dai piedi caprini.
Parlano di fate,
che danzano sulle aie
dei nostri contadini.

Fate che incantano
i giovani più belli
e poi li nascondono
nella grotta dei misteri:
una grotta sul monte Sibilla.

Nessuno è mai uscito vivo
da quella grotta infinita
e la montagna ne conserva il mistero,
il mistero della nostra vita
che ci fa temere la morte.

Nulla è certo tra noi.
Solo la montagna,
solo la grotta infinita
può dare un senso alla vita.

LE STELLE E LA VITA

Sotto le stelle di ghiaccio
tace l'umile Terra.

Rotola il freddo macigno
sull'orlo del precipizio,
poi una grande pace.

Ma se immergi il seme
nell'umida terra,
germogliano i fiori.

Se un raggio di sole
colpisce la terra,
ci dona la vita.

Sembrano le stelle
figure indifferenti
alle umane vicende,
ma emanano il soffio
della vita e dell'amore.

L'ETERNA SCELTA

Maestro, dove pensi
che io debba predicare?
Nel deserto o tra la gente?

Per lunghi anni vissi
e predicai nel deserto.
Ma quando decisi di andare
a predicare tra la gente,
mi assassinarono.

Ora scegli figlio mio:
o il deserto o la folla.

L'EXTRATERRESTRE

Sono corpo
tra i vostri corpi.
Respiro anch'io
la vostra fetida aria.
E' questo il mio spazio
ma non il mio tempo!

Vengo dal futuro galattico
e viaggio nel passato.
Ripercorro gli umani errori
ad uno ad uno;
li prevedo e non posso dominarli.

Sono un Tàntalo spaziale
condannato dal vostro stesso Dio.

LIBERTA'

Risuonano lugubri passi
sicuri nella notte.
Avanzano gli sguardi
di feroci guerrieri.

Si stagliano le figure
alte e nere.
La notte non può
che contemplarle.

Nessuno ormai
può vestire di bianco,
neppure le colombe.

L'ultima si è nascosta
in una colombaia
di un antico palazzo
ormai disabitato.

Dicono vi abitasse
una tenera fanciulla
dalla pelle di luna.
Dicono si chiamasse LIBERTA'.

L'IPOCRISIA

L'ipocrisia passa
e corre via.

L'ipocrisia è tua,
Ma è anche mia.

L'ipocrisia ti aiuta
A far carriera.

E' la luna nascosta
Nella notte profonda.

E' la fata turchina
Che ti fa volar via.

L'ipocrisia è un vento
Tacito ma violento.

Ti porta lontano,
Manon ti da
Ritorno nell' animo.

L'ISOLA DESERTA

Navigai,marinaio tra i flutti,
non ascoltai le sirene
e mi salvai dagli scogli.

Sforzi per andare avanti,
tempeste per tornare indietro
e poi subito dispersi.

Logore ormai le navi
e delusi i marinai,
giungemmo troppo tardi
all'isola amata.

Non ci attendeva più nessuno,
se non qualche gabbiano
e fummo stranieri in patria.

Peccato che l'isola sia deserta
e gli uomini non amino viverci.
Si potrebbe vivere insieme
noi uomini ed i bianchi gabbiani.

L'UMANITA'

Vidi città immense
e viaggiai per grandi praterie,
ma non incontrai mai
la nostra umanità.

La intravidi celata
nel lento calare del sole,
nei rosei tramonti.

Mi sembrò di incontrarla
nell'alba improvvisa sul mare,
poi mai più l'incontrai.

Nel fervore della vita
e nel fragore delle musiche
mi sembrò che fosse morta.

La ritrovai sul letto di morte
delle persone più care
per poi sfuggirmi d'incanto
tra le pieghe della vita.

PARLARE

Parlano, parlano
pensando di sapere,
ma poi cosa sanno?

Chi sa non può parlare
e,se parla,
chi lo ascolterà?

Ormai siamo come auto
che scivolano su se stesse
lungo strade di ghiaccio.

Si sta facendo sera
e ci imprigiona anche la nebbia.
Ormai non c'è più orizzonte
per chi vorrebbe guardare.

PRESAGIO

Calpestai il suolo
Dei nostri avi.
Respirai l'aria
Delle nostre contrade.
Il suono di voci amiche
Accarezzò il mio orecchio.

Il sussurro del vento
E il gracidar delle oche
Accompagnarono i miei passi.

Ci sarà ancora il vecchio suolo,
Ci sarà ancora il vento
E canteranno gli uccelli
Sulle cime di nuovi alberi.

Ma ci saranno anche dei falchi
Che si avventeranno sui pulcini.
Ascolteremo altre voci
Forse non sempre amiche.

QUALE VOLTO?

Hai assunto il volto di Tizio,
ma anche quello di Caio
e poi ancora tanti altri.

Così onesto e benvoluto
sei giunto in cima al colle.

Ma prima di cadere
giù tra le braccia
della Signora Morte
quale volto assumerai?

Sicuramente quello
dell'uomo vero
e indosserai il vestito
che si addice al trapasso.

SPIARE

E' un mestiere antico
e fa molto male al nemico.

Per lungo tempo
pedinarono il poveraccio,
senza capire cosa facesse.

Poi lo incastrarono
con futili scuse.
Cosi lo distrussero,
anche se era innocente.

Lo spionaggio rende
a chi si vende,
ma fa male all' innocente.

E' un mestiere antico.
Ma facile da scoprire,
più che predire l' avvenire.

UN POETA

Quando le mie parole
non saranno che suoni.
Quando dal mio cuore
non verrà che un muto dire

e vagherò tra le ombre
di tetri cimiteri
e non udrò tra le lapidi
nessuna voce amica.

Quando il dolore struggente
morirà sulle mie labbra.
Quando assisterò impotente
alle lacrime del mondo,

allora capirete davvero
che è morto un poeta.

UN RAGGIO DI SOLE

Mi siedi davanti,
ma non mi guardi
negli occhi.

Un raggio di sole,
una lama sottile
ci illumina il volto.

Il raggio è diretto,
ma lo sguardo
è sfuggente .

Non andiamo nel sole,
ci perdiamo nell'ombra.

Ma il sole è la vita,
l'ombra la morte.
Scegliamo la vita.

UN UOMO NUOVO

Sei fermo sul limite
della tua strada
da tempo a noi nota.

Sfrecciavano le auto,
volavano gli aerei
in quel tempo che fu.

Ma ora sei solo un pedone,
che non sa dove andare.

Sei in un nuovo mondo
Che assomiglia al passato,
ma nasce da altre radici.

Si intrecceranno altri voli,
nasceranno altri mali,
ma si spera anche altri ideali.

VOLANO GLI AEREI

Volano aerei nel cielo
e missili ancora più in alto.

Strisciano vermi sulla terra
e talpe sotto la terra,
ma germogliano i fiori
sulla tenera terra
e crescono alberi robusti,
che si protendono al cielo.

Il cielo li attende
più che gli aerei ed i missili,
in un connubio alberi-uccelli,
in un incontro con la natura.

Da questo incontro
partono gli angeli
per arrivare all'anima
di noi poveri mortali.

UNIAMOCI

A volte sono io come voi,
altre volte non lo sono.
Ce lo dice lo specchio,
quello dell'anima.

Vi vedo lontani
eppure a me simili.

Voli festosi di uccelli
sembrano congiungerci,
ma restiamo dove siamo.

C' è forse qualcos' altro
che ci può unire,
ma ci sfugge
ogni giorno di più.

PROPOSTA

Io ti propongo:
Proseguiamo il cammino.

Io ti appoggerò
E raccoglierò tutto ciò
Che le tue mani
Lasceranno cadere.

Ti sarò sempre vicino,
Ti aiuterò a risalire la china.
Io ti propongo:
Restiamo insieme,

Anche se c'è del buio
In fondo al viale.

E' proprio là che
Forse si perderà
La mia proposta.

CHI E' LUCIANO PALLOTTINI

Nato a Carassai, in provincia di Ascoli Piceno nel 1941,

Nel campo umanistico (poesia, storia, archeologia) è autore di altre tre raccolte di poesie:

Una Strada di Luna – editore Lalli- Poggibonsi (SI) 1985

Gabbiani in Volo – editore Vincenzo Ursini-Catanzaro 1991.

Tra Le Pieghe della Vita - Litografia COM-Capodarco di Fermo 2001.

Alcune di queste poesie sono state inserite e recensite in diverse antologie:

-Arte e Poesia dei Giorni Nostri, Vincenzo Ursini Editore, Catanzaro 1992.
-Repertorio di Poesia Contemporanea, Vincenzo Ursini Editore, Collana Antares, Catanzaro 1992.
-Poeti e Poesie, Voncenzo Ursini Editore, Collana Antares, Catanzaro 1992.
-La Poesia Contemporanea (Scrittori Italiani del secondo dopoguerra), Guido Miano Editore, Milano 1997.

Come poeta ha ottenuto il premio Calabria d'Argento e l'attestato di merito dell'Accademia Ferdinandea di Catania.
L'Accademia Universale "Guglielmo Marconi" di Lettere, Arti e Scienze gli ha conferito il Diploma di Merito per la sezione Lettere, in occasione del ventesimo anniversario della

sua fondazione-Premio Europa 2000-Omaggio a Galileo Galilei.

Come Presidente dell'Archeoclub d'Italia, sezione di Carassai, ha realizzato un piccolo museo civico archeologico in collaborazione con la Soprintendenza Archeologica della Marche, ha realizzato diverse manifestazioni storico-artistiche presso il castello medievale di Monte Varmine ed ha pubblicato i quattro volumi:

"Itinerario Culturale Archeologico Turistico di Carassai" nel 1989.
"I Castelli del Territorio di Carassai e Rocca Monte Varmine" nel 1997.
"Novana nel Piceno" nel 2004.
"La mia Fermo e il mio Montani" nel 2007.

Riconoscimenti Internazionali:

"Oscar d'Italia" 1986 nel settore delle lettere (operatori nel mondo delle Arti, Lettere, Scienze e Lavoro).

-Riconoscimento Premio Italo-Francese "Latinità", sezione Lettere, 1986

-Riconoscimento Premio Italo Greco "Ulisse", sezione Lettere, 1986:

Numerosi sono risultati in questi ultimi anni i suoi articoli di storia e cultura locale nei quotidiani: "Il Resto del Carlino" e

"Il Corriere Adriatico" e nei due periodici: "Cupra e la Valmenocchia" ed "Il Castello".

Notevole è risultato il suo impegno per la valorizzazione, in ambito storico-turistico, della valle dell'Aso, sia con le iniziative relative al castello medievale di Monte Varmine, sia come membro del "Gruppo Amici della Valle dell'Aso".

Ma quale è la vera identità di Luciano Pallottini, quale formazione possiede e quale attività svolge nella vita?
Dopo aver conseguito la maturità classica presso il Liceo Ginnasio "Annibal Caro" di Fermo, si è laureato in Fisica nel 1966, presso l'Università "La Sapienza" di Roma, alla famosa scuola dei "Ragazzi di Via Panisperna".

Da quella data fino al 1996 ha insegnao fisica, elettronica ed informatica presso l'Istituto Tecnico Industriale "Montani" di Fermo ed ha pubblicato ben quattro testi scolastici.

E' stato numerose volte Presidente e Commissario agli Esami di Maturità e agli Esami di Concorsi a Cattedre.
Contemporaneamente, dal 1973 al 1978, si è occupato di Esercitazioni di Fisica presso la facoltà di Ingegneria dell'Università di Ancona.

Nel 1985 e nel 4989 è stato insignito di Medaglia d'Oro da parte della "Società Italiana per il Progresso delle Scienze".

Dal 1989 al 1996 ha svolto lavori di ricerca nel campo della Biofisica con l'Istituto di Scienze Fisiche dell'Università di Ancona.

Dal 1996 al 2002 ha collaborato a lavori di ricerca con l'Istituto di Scienze Fifiche dell'Università di Ancona e con l'Istituto di Fisica della Materia di Genova.

Dal 1999 al 2009 ha frequentato il corso di Nanotecnologie presso la"Fondazione Colocci" di Jesi (Ancona).

Dal 1993 al 1998 ha espletato l'attività di Coadiutore Didattico per la Fisica e per i Controlli Automatici presso la Facoltà di Ingegneria Elettronica dell'Università di Ancona(sede di Fermo).

Dal 1996 al 2007 è stato Coadiutore Didattico per la Fisica presso la Facoltà di Medicina e chirurgia dell'Università di Ancona.

Dal 2007 al 2009 ha ricoperto il ruolo di Docente a contratto di Calcolatori e Reti di Calcolatori presso la Facoltà di Ingegneria della stessa Università.

Luciano Pallottini è anche autore di alcune pubblicazioni scientifiche di livello internazionale: vedi Istituto "Laue-langevin" di Grenoble (France),University of Exeter (Kingdom), University of Malaya (Malaysia), Matrib 04 vela Luka, Island Korkula (Croatia), Istituto di Ingegneria Nucleare DIENCA dell'Università di Bologna, Studio di Ingegneria Rogante di Civitanova Marche.

Nel 2003 è stato nominato per l'inclusione biografica in "The Contemporary Who's Who" ed è stato segnalato come "Man of the Year-2003" dallo "American Biographical Institute", Inc."

Dallo stesso anno ha rivestito la carica di "Consulting Editor" presso " The Contemporary Who's Who" e di "Research Board of Advisors" presso lo "American Biographical Institute".

Indice

Luciano Pallottini è autore di tre raccolte di poesie: *Una strada di Luna* (1985); *Gabbiani in Volo* (1991); *Tra le Pieghe della Vita* (2001).

In qualità di Consigliere Comunale di Carassai si è occupato di un grave episodio di inquinamento ambientale, intervenendo sulla stampa locale e presso le autorità competenti, fino alla soluzione del problema.

Negli anni' 70, fino agli inizi degli anni '80, è stato Presidente della Pro Loco di Carassai, coadiuvato dal Vice Presidente, il compianto Don Giuseppe Michetti, noto studioso di storia locale.

Insieme hanno realizzato diverse manifestazioni culturali presso il Castello di Rocca Monte Varmine, coinvolgendo anche il Comune di Fermo.

Come membro del "Gruppo Amici della Valle dell'Aso" nel 1996 ha preso parte al "Progetto Valdaso", inteso a scongiurare la realizzazione di una centrale Turbogas in questa valle e a salvaguardare la vocazione ortofrutticola della stessa.

Dal 1984 al 2002, per ben 18 anni, è stato Presidente dell'Archeoclub di Carassai, contribuendo in modo determinante alla realizzazione del Civico Museo Acheologico e alla realizzazione di diverse conferenze scientifiche intese a valorizzare gli aspetti archeologici e storici del paese.

In tale veste ha pubblicato: *Itinerario Culturale Archeologico Turistico di Carassai*; *I Castelli del Territorio di Carassai e Rocca Monte Varmine.*

Ha ispirato e collaborato con gli studiosi Gianfranco Paci e Roberto Rossi alla realizzazione dell'importante articolo scientifico "Monete ed Iscrizioni da Carassai", apparso sulla rivista di archeologia "PICUS" nel 1997.

Edizione prodotta in collaborazione con:
ing. Marco Medori marcomed@gmail.com

Finito di stampare nel dicembre 2010

www.ingramcontent.com/pod-product-compliance
Ingram Content Group UK Ltd.
Pitfield, Milton Keynes, MK11 3LW, UK
UKHW020235250726
13967UKWH00001B/382

9 781446 748701